Mutternsprache

Muttersprache
Ein Monolog von Monika Pedack
Herstellung und Verlag:
BoD – Books on Demand, Norderstedt

ISBN 978-3-7357-2386-4

Die Überraschung des Tages hatte Monika Pedack parat: Nach den „offiziellen" Rednern zur Einweihung des Hauses Martin Luther zitierte die Tochter einer Hausbewohnerin aus dem von ihr verfassten Bändchen"Muttersprache".Die schon etwas ermüdeten Gäste der Einweihungsfeier waren plötzlich wieder ganz Ohr, als Frau Pedack mit Nachdenklichkeit und vor allem Humor ihre Mutter zu Wort kommen ließ, die seit Jahren im Haus Martin Luther lebt und sich sprachlich schon längere Zeit nicht mehr verständlich machen kann.

Redaktion Einblick

...diesen Dialog führt Monika P. in ihrem Büchlein Muttersprache mit ihrer Mutter, die seit Jahren mit fortschreitender Demenz und Hilflosigkeit im H.M.L. lebt.
Ein Leben wie das von Frau Pedacks Mutter ist für viele Menschen ein Schreckensbild, das zu der Einstellung führen kann: Dann lieber sterben, als so leben zu müssen! Der deutsche Sozialverband- wer auch immer das ist – machte mit dieser Angst der Menschen vor kurzem Schlagzeilen: Tausende würden sich lieber das Leben nehmen, als freiwillig in ein Alten- oder Pflegeheim zu gehen.
Das Büchlein von Frau Pedack stellt da einen wesentlich unspektakuläreren, aber umso wohltuenderen Kontrapunkt dar: Auch dieses Leben lohnt sich, hat einen Sinn. Davon spricht das ganze Buch..........

Redaktion Einblick

*Zur Erinnerung an ihre Großmutter
und Urgroßmutter widme ich dieses Büchlein
meinen Kindern und Enkelkindern.*

Noch kurz vor dem Tode meines geliebten Vaters erhielt meine Mutter die schwerwiegende Diagnose Osteoporose.Damals war weder ihr noch mir das Ausmaß dieser Erkrankung bekannt. Eine kurz vorher festgestellte Demenzerkrankung erfuhr des weiteren eine Progression. Zusätzlich stellte man an der Brustwirbelsäule einen Tumor fest, der sich aber dann als Metastase eines unauffindbaren Primärtumors herausstellte. Von diesem Zeitpunkt an sollte das Leben von Muttern, wie auch das Meinige in andere Bahnen gelenkt werden.

Durch die Multimorbidität konnte sie, nachdem mein Vater gestorben war, ihre alltäglichen Verrichtungen nicht mehr meistern und so zog sie bei mit Zuhause ein.

Es war der Anfang eines Leidensweges, der für Mamutschka mit unsagbaren physischen Schmerzen und für mich mit tiefgreifenden Seelenqualen einherging.

Alleine schon das untätige Zuschauen müssen, wie ihre Fähigkeiten und Talente langsam aber stetig dem körperlichen Gebrechen zu weichen begannen, war für mich sehr schlimm. Nicht allmählich, sondern mit ganz gewaltigen

Schmerzattacken verlor sie so nach und nach ihre Beweglichkeit.

Nicht gleich zu Anfang ordnete man diese Schmerzanfälle der Osteoporose zu, sondern lastete diese zunächst der Krebsgeschwulst an der Wirbelsäule an. Erst nach einem Oberschenkelhalsbruch wurden wir auf diese Erkrankung aufmerksam.
Eine Schmerztherapie beinhaltete die Verabreichung von Opiaten, deren Wirkung wiederum nicht mehr den Stand der Demenzerkrankung erkennen ließ. Von nun an wurde für mich die Versorgung, besser gesagt, das Zusammenleben mit Muttern zunehmend schwieriger. Mit immer größerer Starrköpfigkeit missachtete sie alle empfohlene Verhaltensweisen und es folgte ein Knochenbruch nach dem anderen.
Meine Psyche war deutlich angeschlagen und ich war auch den körperlichen Belastungen nicht mehr gewachsen. Um wieder richtig „Durchschnaufen" zu können, habe ich meine Mutter in einem Alten- und Pflegeheim angemeldet. Es sollte eigentlich nur für einen Monat sein, obwohl eine Kurzzeitpflege im

Hause Martin Luther ansonsten nicht angeboten wurde, habe man sich dann doch auf eine Probezeit geeinigt.

Es war gar nicht so schlimm, wie ich mir das vorgestellt hatte. Ich meine damit den Umzug meiner Mutter in das Heim. Heute, nach nahezu sechsjährigem Aufenthalt dort, hat sie die Eingewöhnungsphase überwunden und die Probezeit bestanden.

Nicht zum Scherzen sind allerdings die Kosten, welche für eine ordentliche Unterbringung in einem gepflegten Hause abverlangt werden, aber über Geldangelegenheiten schweigt des Sängers Höflichkeit.

Es kommt mir vor, als diente dieses Büchlein der Beruhigung meines schlechtes Gewissen , das sich doch öfter als mir lieb ist bemerkbar macht, seit ich Mama von zu Hause ausquartiert habe.

Eigentlich müsste ich mir keinen Kopf machen, denn mit dem Haus Martin Luther habe ich eine sehr gute Wahl getroffen und meine Mutter befindet sich in bester Gesellschaft von netten älteren Damen und Herren. Soweit die Herrschaften noch über etwas Mobilität verfügen, gibt es für sie auch genügend Abwechslung außerhalb des Hauses. Theater – Museums – und Tiergartenbesuche gehören mit zum Programm. Meine Mutter konnte anfangs noch das volle Repertoire auskosten, auch dann noch, als sie schon auf den Rollstuhl angewiesen war.

Ein guter Geist des Hauses namens Ralf hatte keine Mühe gescheut, sie selbst an Theaterbesuchen teilhaben zu lassen.

Dieser Zeitabschnitt birgt eine Menge schöner Erinnerungen, wie Kaffeetrinken im Garten, Sommerfeste, Sonnenwende und all die anderen Jahresfeste und Veranstaltungen. Schon damals hatte ich, soweit es mir möglich war, Mama täglich einen Besuch abgestattet. Zu jener Zeit konnte ich mit ihr auch noch eine Unterhaltung führen, wenngleich diese mit unendlich vielen Wiederholungen verknüpft gewesen war.

Leider hat sich ihr Gesundheitszustand permanent verschlechtert und die gemeinsamen Unternehmungen wurden immer seltener, zumal meine Mutter mehr und mehr Zeit in ihrem Bett verbringen musste. Sie war mit ihren 69 Jahren noch relativ jung und weit unter dem Altersdurchschnitt, ab dem ein Mensch gewissermaßen reif für das Pflegeheim ist.

Warum darf ausgerechnet sie nicht ihren Lebensabend genießen, warum kann sie nicht wie andere auf Reisen gehen, wo doch jetzt die Zeit dafür wäre? Warum? Warum? Warum? Fragen über Fragen und keine Antwort.

Mit meiner Mutter, einer geschäftstüchtigen, lebenslustigen und aufgeschlossenen Frau gibt es nach jahrelanger Pflegebedürftigkeit kein Gespräch mehr, ihre Sätze sind kaum noch, oder nur ausgesucht schwer zu entschlüsseln, ein wirres Aneinanderreihen von Silben, ohne jeglichen Bezug zu irgend etwas.

Meine täglichen Besuche spielen sich von nun an in ihrem Zimmer ab. Sie, die sonst Gesprächige, döst oft schon hinüber in einen Dämmerschlaf, während ich ihr das Essen eingebe, oder sie erfindet neue Worte und reiht sie willkürlich aneinander. Sie gebraucht diese Fantasieworte in einem Tonfall, der klanglich *durchaus einem ordentlichen Satz angehören könnte.*

Ich vermisse ihre ermahnenden Worte ebenso wie ihre humorvollen Äußerungen.

Beinahe kommt mir der Gedanke, dass nicht sie an einer Anomalie leidet, sondern dass es nur mein Sinnesorgan sein kann, das für eine Verständigung mit ihr nur nicht richtig entwickelt zu sein scheint. Sie hat mir etwas zu sagen und ich bin diejenige, die es nicht verstehen kann.Ich muss mich einfach selbst mehr sensibilisieren,um mein Gehör und meine Auffassungsgabe zu schärfen.

Von nun an lasse ich Muttern von meiner Fantasie beflügelt durch mich sprechen und sitze auf einem unbequemen Armlehnstuhl an ihrem Schreibsekretär, den Stift in der Hand und vor mir ein weißes Blatt:

Das Zimmer ist eher bescheiden, aber es entbehrt dennoch nicht einer gewissen Gemütlichkeit und es hat Platz für einen Bauernschrank, einen Zweisitzer, einen Fernsehsessel, der elektrisch in Liegestellung gebracht werden kann, ebenso für einen zierlichen Schreibsekretär, vor dessen ausziehbarer Schreibplatte ein unbequemer Armlehnstuhl steht. In den zahlreichen Schubläden und Fächern haben fein säuberlich gebündelt, die Erinnerungen an mein ganzes Leben ihren Platz gefunden. Dort liegen Liebesbriefe, Geburtsurkunden, Rentenbescheide und Sterbeurkunden. Von allen Utensilien im Raum ist die wichtigste mein Pflegebett. Es ist mit einer Spezialmatratze ausgestattet, damit ich mich nicht wund liegen werde.

Es steht günstig platziert, damit ich von da aus den besten Blick auf den etwas verwilderten Garten haben kann. Alles was sich in diesem Blickwinkel befindet, erinnert mich in keinster Weise an mein früheres Zuhause. In meinem Garten gab es nichts unkultiviertes und schon gar nichts ungepflegtes. Dort hatte in meiner Welt die Ordnung noch eine andere Bedeutung und es bezog sich ausnahmslos auf das Sichtbare, wie Rasen Reihen, Rabatten und Umrandungen und ich hatte sie von meinem lieben Eugen – Gott hab ihn selig – gelernt.

Damals ließ ich mir auch nicht träumen, dass die Ordnung in meinem Leben einmal einen ganz anderen Inhalt erlangen sollte. Heute weiß ich, dass alles in bester Ordnung ist, wenn ich gefüttert bin, in der Fachsprache heißt das, wenn man mir das „Essen eingegeben", mich trocken gelegt und mir trotz permanenten Durstmangel auch noch genügend Flüssigkeit zugeführt, sowie meine Medikamente verabreicht hat. Alles in allem passiert diese tägliche Ordnung freilich in einem bestimmten Zeitrahmen, den sich gescheite Leute haben einfallen lassen, welche sich vorher auf Fragen über Zeit und Zuwendung von Pflegebedürftigen absolut vertraut gemacht haben mussten. Ha ha!

Mit den verschiedenen Pflegestufen darf man das Pflegepersonal mehr oder weniger für die tägliche Verrichtungen in Anspruch nehmen. Man wird von einem eigens für die Verleihung der verschiedenen Stufen verantwortlichem Gremium interviewt und danach sozusagen eingruppiert. In meinem Falle muss die Befragung super gelaufen sein, denn ich besitze mittlerweile drei von diesen Treppen und bin richtig glücklich darüber. Sie berechtigen mich nämlich, auch etwas ungewöhnliche Dinge zu tun, auf gut Deutsch heißt das, dass ich mir damit ein kleines bisschen Narrenfreiheit erworben habe. Wenn ich zum Beispiel einen Lippenstift in meiner Tasche finde, so male ich mir damit den gesamten Kopf an, ohne mich auf den Mund beschränken zu müssen. Auf meinem weißen Haar machen sich rote Strähnen besonders gut und außerdem schlägt man zwei Fliegen mit einer Klappe, denn dadurch bekommt auch der Überzug meines Kopfkissen ein interessantes und neues Design. Ich darf überdies, wenn ich das möchte, meinen Multivitaminsaft in die Blumenvase gießen, auch wenn es dazu notwendig ist, das Blumenwasser vorher auszukippen. Meine Nachttischschublade bietet hierfür genügend Platz, das habe ich auch schon mehrfach mit dem Nachmittagskaffee getestet. Hätte ich nicht diese drei Stufen, würde man mir derartige Aktivitäten sicherlich übel nehmen, weil ich damit die Pflegerinnen über die für mich fest statuierte Ordnungszeit hinaus beschäftige, was ich übrigens ohnehin tue.

Es gelingt mir fast täglich, dem Pflegepersonal viel mehr Zeit abzuverlangen, als mir eigentlich zustehen würde. Mein Einfallsreichtum ist unerschöpflich...

Ja, fantasievoll bin ich schon immer gewesen.

So träumte ich mich früher frei von allen Verpflichtungen und von einer schmucken kleinen Wohnung in Oberbayern. Ich sah mich schon auf einer Kreuzfahrt, welche wir zu unserer Goldenen Hochzeit geplant hatten und war in Gedanken bereits eine Erbschaft angetreten, die mir ein bisschen Luxus durch einen kleinen finanziellen Spielraum hätte ermöglichen können. Doch wie es so schön heißt: Der Mensch denkt und Gott lenkt!

Alle meine Träume und Wünsche blieben unerfüllt. Die Verpflichtungen ließen sich nicht abschütteln und deshalb bewohnt die schnuckelige Wohnung in Oberbayern jemand anderes. An unserer Goldenen Hochzeit war mein geliebter Eugen schon beinahe zwei Jahre tot und die Erbtante erfreute sich noch bei meinem Einzug in das Pflegeheim mit ihren 94 Jahren besten Wohlseins und war, nachdem ich ihr aus gesundheitlichen Gründen meine weiteren Dienste versagen musste, erstaunlicherweise wieder in der Lage für sich selbst zu sorgen.

Es darf an dieser Stelle hier auf gar keinen Fall der Eindruck erstehen, dass ich in irgend einer

Weise unzufrieden geworden bin. Nein, nein! Ganz im Gegenteil! Wenn man wie ich in der Erinnerung weilt, ist es nicht wirklich von Bedeutung, ob man seine Wünsche nun gelebt oder nur geträumt hat. Es ist beides Vergangenheit und ich kann mir das Erlebte, sowie das Erträumte zurück ins Gedächtnis rufen und zwar so, wie ich es gerade brauche.

Unbemerkt tue ich das in der letzten Zeit immer öfter und zunehmend schürfe ich tiefer im gestrigen. Meine Kindheit rückt mit jedem neuen Tag immer näher und ich spüre die Nähe meiner Großeltern, auch meine Mama und mein Papa sind häufig bei mir.

Ich sehne mich richtig nach Bemutterung, aber ich sehne mich auch nach netten Besuch. Mein Eugen ist mein liebster Gast und obwohl er schon vor vielen Jahren gestorben ist, macht er mir häufig seine Aufwartung, aber wie es mit den Männern halt so ist, wenn man sie am nötigsten braucht, sind sie gerade nicht da. Insofern nützt es auch nichts, wenn ich nach Eugen rufe, aber ich tue es beharrlich, immer und immer wieder. Das basiert auf einer alten Angewohnheit, denn ich musste ihn früher schon ewig rufen, wenn ich etwas von ihm wollte, weil er ein richtiger Workaholic gewesen ist. Ich wusste nie, ob er sich gerade im Garten, in der Garage oder in der Werkstatt aufhielt, wo er vor sich hin wurstelte.

Um so erstaunlicher finde ich es, wenn auf mein Rufen hin, geradeso wie zu seinen Lebzeiten, von Eugen nicht gleich eine Antwort kommt, stattdessen eine Pflegerin mich mit den Worten „ihr Mann war doch heute schon hier, haben sie das wohl schon wieder vergessen" zu trösten versucht. Ich höre wohl nicht richtig, er war heute schon hier und ich habe ihn gar nicht bemerkt? Und außerdem ist es schon sehr merkwürdig, dass ihn außer mir auch noch jemand anderes sehen kann, wo er doch eigentlich tot ist. Ich dachte immer, diese Fähigkeit, mit meinem verstorbenen Eugen zu kommunizieren sei alleine mir vorbehalten. Er war also hier und hat sich statt meiner mit anderen Damen unterhalten. Genau vor drei Tagen habe ich ihn zum letzten Mal gesehen, ich weiß das noch so genau, weil wir da eine kleine Meinungsverschiedenheit hatten. Mit seiner Rechthaberei hat er mich schon eh und je zur Weißglut gebracht. Er hat schon wieder damit angefangen, dass ich wahrscheinlich nicht an Osteoporose leiden müsste, wenn ich in den Wechseljahren nur regelmäßig meine Hormontabletten eingenommen hätte. Dieser Vorwurf hat mich so geärgert, denn erstens wurde ich damals nicht auf die Tragweite einer solchen möglichen Erkrankung hingewiesen und zweitens ist ja gar nicht gesagt, ob ich nicht trotz einer permanenter Hormonisierung an dieser Krankheit leiden würde. Natürlich habe ich auch ein paar unschöne Dinge zurückgesagt, wie zum Beispiel, dass ihm seine akribische Buchführung über sämtliche Tropfen und Pillen, wie und zu welchem Zeitpunkt er sie eingenommen hatte und wie hoch dabei gerade sein Blutdruck gewesen sei, diesseits eigentlich auch nicht weiter brachte. Eigentlich hätte ich mir diese Äußerung ersparen sollen, denn damit habe ich ihn verletzt und außerdem war es auch ein bisschen unfair von mir, mich über die Art und Weise, wie er mit seiner Krankheit umzugehen pflegte, lustig zu machen, aber dass er deswegen gleich andere Damen besuchen gehen muss?

Auch ohne Osteoporose wäre ich im Augenblick da, wo ich gerade bin, denn die

Demenzerkrankung, an der ich außerdem noch leide, ließe es jedenfalls nicht zu, weiterhin in unserem Häuschen zu leben und dieses samt Garten zu pflegen, wenn es auch in Eugens Sinn gewesen wäre, nach seinem Tode seine Gewohnheiten und täglichen Verrichtungen zu übernehmen und weiter zu führen und zwar haargenau so akribisch, wie er die Dinge zu tun pflegte.

Mein Eugen mäkelte zu Lebzeiten oft wegen meiner Vergesslichkeit an mir herum und ist damit auch unserer Tochter Moni in den Ohren gelegen. Er drückte es so aus: „Die Hedi kann sich nichts mehr merken, nicht einmal mehr von zwölf Uhr bis Mittag". Er hatte natürlich recht, trotzdem war ich jedes mal peinlich berührt, wenn ich so blamiert wurde. Natürlich hatte ich damals die schleichenden Anfänge dieser Krankheit registriert und mich oft genug selbst ertappt, wenn ich wieder einmal den Faden verloren hatte oder mich Erinnerungslücken in prekäre Situationen brachten, dennoch wollte ich nicht von anderen und schon gar nicht von meinem Ehemann bloßgestellt werden.

Seit vielen Jahren nun lebe ich mit dieser Krankheit und bilde mir ein, dass gerade diese gesundheitliche Störung mir dazu verhilft, Dinge zu sehen, die andere nicht sehen können. Womöglich liegt das daran, dass sich mein Kopf nicht mehr von unzähligen Informationen beeindrucken lassen muss. Meine graue Zellen weigern sich einfach, weitere Nachrichten zu speichern und erlauben mir so, mich mit meinem Unterbewusstsein zu beschäftigen, es aufzuarbeiten und schließlich ganz und gar in ihm zu leben.

Ich erlebe den Augenblick sehr intensiv und empfinde zum Beispiel sehr große Freude über den irdischen Besuch meiner Tochter Moni. Sie kommt ganz oft zu mir und ich vermute, das liegt nicht nur an der Liebe zu ihrer Mutter, sondern auch an ihrem schlechten Gewissen, das sie hie und da plagen wird. Ich kann mich gut in sie hinein versetzen, wie sie sich fühlen muss, nachdem sie als einzige Tochter ihre Mutter in ein Pflegeheim gesteckt hat, nämlich schlecht, gewissenlos und pflichtvergessen. Stimmt's? Dabei müsste das gar nicht sein, denn mittlerweile erkenne ich doch das

Zimmer hier mit diesem Pflegebett als mein richtiges Zuhause an. Da wo ich bin, fühle ich mich auch angekommen, ganz im Gegensatz zu vielen anderen Mitbewohnern dieser Einrichtung, die ich nur allzu oft laut jammern und schreien höre:

Irmaaaaaaaaaa!!!!!

Gundaaaaaaaaa!!!!! oder sonst wie schallt es laut durch die Flure und gottlob dringen diese ungeduldigen Laute nicht an die Ohren der Irmas und Gundas. Nicht selten werden im Alter die Menschen durch ihr Kranksein ungeduldig, auch schrecklich fordernd und egoistisch. Sie wollen oder können ihr Schicksal nicht annehmen, demzufolge erlangen sie keine innere Zufriedenheit und der Umgang mit ihnen ist für alle Mitmenschen eher anstrengend als erbauend.

Geduld ist auch so ein Kapitel hier im Hause, oder besser gesagt, die Ungeduld, die bei vielen Ruheständlern und Greisen weit verbreitet ist. Im Speisesaal lässt sich beobachten, mit welcher Eile man das Essen verschlingt, nur um als erster am Lift zu stehen, um den ersten Aufzug zu nehmen, so, als wäre es der allerletzte Zug, der einen nach Hause bringen könnte.

Geduld war auch nie meine Stärke, doch jetzt liege ich gottergeben hier und habe sie. Ist es vielleicht das, was ich in meinem Leben noch zu lernen hatte? Geduld? Selbst wenn ich noch in der Lage wäre, darüber nachzusinnen, bliebe ich mir die Antwort schuldig. Einerseits fehlte mir früher für vieles eine Ergebenheit, anderseits habe ich in meinem Leben auch viel erduldet, womit ich mir selbst oft keinen großen Gefallen erwiesen hatte.

Herr
ich danke dir dafür, dass ich so zufrieden
annehmen kann,
was du für mich bestimmt hast.
Herr
ich danke dir dafür,
dass ich erkennen darf:
Es geht mir trotz meiner Krankheit besser,
als vielen anderen Menschen auf dieser
Welt.

Meine Tochter hat neuerdings für mich die Pflegschaft beantragt, nachdem sie feststellen musste, dass ich meinen Namen zwar noch weiß, aber leider nicht mehr schreiben kann. Ich war selbst überrascht, wie mir das ABC so unbemerkt abhanden kommen konnte. Nicht ein Buchstabe ist mir mehr eingefallen und mit zittriger Hand habe ich versucht ersatzweise einen Krakel auf das Papier zu bringen.

Mein lieber Schieber, mit dieser Signatur hätte selbst ein Apotheker ernste Probleme.

Die Sachlage ist folgende: ich kann für meine Angelegenheiten nicht mehr selbst sorgen und so ist mir eine mich betreuende Hand herzlich willkommen. Bis aber meiner „Entmündigung", wie man das noch vor kurzem nannte, amtlich statt gegeben wird, muss ich wohl noch an verschiedenen Frage – und Antwort – Spielen teilnehmen. Das Ergebnis werde ich selbstverständlich mitteilen, sobald es mir vorliegt.

Meine Unterschrift 1. Versuch

Meine Unterschrift
2.Versuch

Im Augenblick beschäftigen mich die Schmerzen, die durch meine desolate Wirbelsäule verursacht werden. Man versucht mir mit einer speziellen Therapie so gut es eben geht, die Qualen zu erleichtern. Normalerweise gelingt das ja auch. Es passiert halt manchmal, dass ich mir mein Morphium Pflaster entferne, ohne den für mich folgenschweren Nachteil zu bedenken und das nur, weil ich mir aus lauter Schaffensdrang eine Beschäftigung gesucht habe. Natürlich wird zwischenzeitlich darauf geachtet, mir das Schmerzpflaster an eine für mich unzugängliche Stelle zu kleben, doch wo ein Wille ist... ist auch ein Weg.
Zum Glück ist heute Sonntag und gleich halb drei. Eine Tasse Kaffee und die dazu gereichte Schokoladentorte wird mich kurzzeitig trösten. Erst beim letzten Bissen fallen mir meine Schmerzen wieder ein.

Übrigens habe ich die Torte heute von eigener Hand gegessen, normalerweise werde ich gefüttert. Die Schwestern tun es, um sich einen Mehraufwand an Arbeit zu ersparen, den ich verursache, wenn man mich mit einem vollen Teller alleine lässt. Ich habe schon einmal erwähnt, dass ich ziemlich erfinderisch und phantasievoll bin und das genau fürchtet man hier im Hause.

Das Mittagessen wird mir meist von meiner Moni eingegeben. Sie macht das, damit ich etwas Ordentliches abkriege und nicht am Ende noch zum Pudding – Vegetarier verkomme. Seit ich nicht mehr gesund bin, habe ich eine Vorliebe für süße Speisen, wie Pudding und Brei. Überdies kostet es weder beim Essen noch beim Eingeben große Mühe. An dieser Stelle muss unbedingt erwähnt werden, dass ich meine oberen Zähne schon eine geraume Zeit vermisse, was mich einerseits etwas älter aussehen lässt und mich andererseits zwingt, die Martinsgans püriert einzunehmen. Das Auge ist da zum Beispiel nicht mehr mit, denn ein Gänsebraten durch den Fleischwolf malträtiert sieht einfach nicht sehr appetitanregend aus und hat aber auch so gar nichts mehr knuspriges.

Es gab eine größere Suchaktion nach meinem Gebiss. Leider erfolglos! Nicht unter der Matratze, nicht im Nachttisch und nicht in meiner Handtasche. Es gibt zwei Möglichkeiten, behaupten die Pflegerinnen: Entweder ich habe sie an meine Nachbarin verschenkt, oder ich habe sie in eine Serviette eingewickelt, die dann unglücklicherweise mit den Speiseresten in der Biotonne gelandet ist.
Im übrigen dürfte das Essen für die anderen auch kein Augenschmaus mehr sein, denn bekanntlich sind hier beinahe alle sehbehindert. Wer von Station eins hat schon noch seine eigene Brille auf der Nase? Man muss sich das in etwa so vorstellen: In den Aufenthaltsräumen finden regelrechte Tauschbörsen statt. Besonders für Brillen, die nicht gerade auf Nasen sitzen, oder für andere Gegenstände, die sich großer Beliebtheit erfreuen, wie für Geldbörsen oder Familienfotos, werden von allen Seiten her Besitzansprüche angemeldet. Wer diese am deutlichsten zum Ausdruck bringt, wird der neue Eigentümer und es wäre schon purer

Zufall, wenn man durch so eine Aktion tatsächlich wieder zu seiner eigenen Brille , oder wenigstens zu einer, mit der man auch nur annähernd gut sehen kann, gelangen könnte.

Im Alten – oder Pflegeheim besitzt der Mensch nur noch wenige Habseligkeiten, die es zu verteidigen und zu bewahren gilt. Man muss sich vor Augen führen, wie die meisten von uns plötzlich vor der Tatsache standen, nicht mehr alleine das Leben meistern zu können und oftmals von einem Tag auf den anderen ihre gewohnte Umgebung verlassen mussten. Vielfach kamen die Betroffenen nach einem Krankenhausaufenthalt in die pflegende Einrichtung und durften nicht mehr in ihre eigenen vier Wände zurück. Das bedeutet natürlich nicht nur die Trennung von alten Gewohnheiten, sondern auch von erinnerungsträchtigen Gegenständen. Der massive Verlust dieser Dinge ist sicherlich auch eine Ursache für dieses Besitzdenken, das sich unter meinen Mitbewohnern breit gemacht hat. Man muss sich selbst disziplinieren, dass man nicht am Ende nur noch sein Portemonnaie im Sinne hat. Ich persönlich bin über dieses

Stadium, besser gesagt, über meine Handtaschenmarotte hinweg gekommen und schere mich jetzt nicht mehr um irdische Güter. Zu Zeiten, als ich noch etwas mobiler war und dadurch auch mehr Kontakt zu meinen Mitbewohnern hatte, galt mein Bestreben einzig und allein der Beobachtung meiner Handtasche. Jeden Moment, in dem ich meine Tasche nicht im Blickwinkel hatte, sorgte ich mich um sie und um ihren Inhalt. Hatte ich sie jedoch bei mir, so wurde sie im Minutentakt geöffnet, umgestülpt und von dem darin befindlichen Krimskrams eine Bestandsaufnahme durchgeführt. Damals habe ich nicht die Mühe gescheut, diesen Vorgang täglich bis zu einhundert Mal zu wiederholen. Natürlich litten die Taschen erheblich darunter, aber es gab jede Menge, die ich aufarbeiten durfte. Alles was so in meiner Reichweite stand, wurde eingepackt, was häufig in anstrengende Arbeit ausgeartet ist, denn vom Handtuch bis hin zum Alpenveilchen, alles wollte ich gut verstaut wissen. Die wichtigste Sache allerdings war mir lange Zeit mein Geldbeutel. Scheine interessierten mich schon nicht mehr so sehr, eher schon das Klimpergeld. Meine

Moni sorgte für die tägliche Füllung mit Zehnerln. Die Silberlinge hat sie mir irgendwann nicht mehr zugeteilt, weil deren Verbleib täglich neue Rätsel aufstellte und ich stand unter Generalverdacht, meinen rauchenden Mitbewohnern ihr Laster subventioniert zu haben.

Es ist schon erstaunlich, dass ich das Lesen noch nicht verlernt habe , obwohl ich ja gar nicht mehr schreiben kann. Mindestens fünfzig mal lese ich eine Schlagzeile, bis ich nach einem anderen Heft greife. Ich lese laut und deutlich und in Wiederholungen, das tue ich aber nicht, um meine Mitmenschen zu nerven, vielmehr deswegen, weil ich keine Speicherkapazität mehr in meinem Kopf frei habe und mir somit jeder Wiederholung eine Neuigkeit widerfährt. Manches Mal versuche ich auch direkt mit den abgebildeten Personen auf den Titelseiten Kontakt aufzunehmen. Obwohl ich diese Prominenten immer freundlich anspreche, hat mir noch niemand von ihnen geantwortet. Unhöflichkeit ist etwas, das ich absolut nicht ausstehen kann. Wer nicht zurück grüßt wird ohne zu zögern in schmale

Streifen gerissen, aufgerollt und kurzerhand in meiner Schnabeltasse ertränkt. So führe ich die illustrierten Käseblätter ihrer eigentlichen Bestimmung zu, denn für andere Zwecke sind diese wegen ihres Glanzpapiers sowieso nicht zu benutzen. Genau das Gleiche passierte Stefan Effenberg auf der Titelseite der Bunte. Mit ihm konnte ich auch keine rechte Unterhaltung führen, denn er war ebenso maulfaul wie alle anderen auch.

Apropos Höflichkeit. Unter den Bewohnern lässt diese auch zu wünschen übrig und es ist weit verbreitet, sich schlecht zu seinen Mitmenschen zu benehmen.

Ich denke da bloß an den alten Mann im Rollstuhl, der die Schwestern mit schrecklichen Ausdrücken betitelt oder gar nach ihnen schlägt. Er ist entweder am schimpfen oder am beten und alles passiert im gleichen Tonfall und meine Ohren erkennen da überhaupt keinen Unterschied.

  Die Jugend ist die Zeit Weisheit zu lernen,das Alter die Zeit sie auszuüben

Jean Jacques Rousseau

Es muss einmal gesagt werden, dass die sogenannte Altersweisheit nur mit Anstrengung erlangt werden kann und man muss frühzeitig damit beginnen. Wer bis hin zum Altersheim noch nichts unternommen hat, um seine Dummheit und schlechte Charaktereigenschaften abzulegen, dem bleiben diese garantiert erhalten und er wird sich vielleicht sogar im Jenseits mit seinem Problem konfrontiert sehen. Wer weiß? Ich bin der Meinung, dass sich die guten wie die schlechten Wesenszüge im Alter eher noch verstärken können. Es gibt ja die vier Temperamente, deren man sich allesamt bedienen sollte und versuchen, sie alle unter einen Hut zu bringen. Wahrscheinlich sollten wir an uns arbeiten, um die in uns schlummernden Temperamente in den Griff zu bekommen. Diese Arbeit müsste allerdings spätestens bis zu unserem Lebensabend abgeschlossen sein, besser noch, schon etwas früher. Zum Beispiel wäre es doch nicht klug, nur das Cholerische in uns zu hegen und zu pflegen. Seine Wesenszüge nur auf das Phlegmatische zu reduzieren wäre ebenso falsch, wie sich nur der Melancholie hinzugeben. Erscheint dem Sanguiniker das Leben auch etwas problemloser und spielerischer, so hat der Mensch doch erst seine Mitte gefunden, wenn er alle vier

Temperamente zur rechten Zeit am rechten Ort anzuwenden in der Lage ist, ohne sich jemals wieder in der Wahl vergreifen zu müssen.

Also, mein geliebter Eugen, Gott hab ihn selig, hat seine cholerische Veranlagung auch nicht so recht in ein Mittelmaß gebracht, dagegen hat er sich meiner sanguinischen Natur sehr angenommen und sie mit einer Portion Melancholie versehen. Er war stets darauf bedacht, dass ich in besonders freudvollen Lebenssituationen nicht zu euphorisch reagieren konnte, denn er gab zu bedenken, dass alles und jedes seine zwei Seiten hätte und am Ende vielleicht sogar noch einen Haken. So wurde aus einer Petersilie auf allen Suppen eine trübe Tasse. Das Phlegma fehlte uns beiden aus meiner heutigen Sicht aber so was von komplett, dass ich mich fast darüber ärgern könnte. Wie hätte sich mein Leben entwickelt, wäre ich allen Problemen mit Ruhe und Gelassenheit und vielleicht sogar mit einer Portion Wurstigkeit begegnet. Wie würde ich mich fühlen, wenn ich zum Beispiel die Pedanterie meinem lieben Eugen überlassen hätte, ihm, der diese Unart wohl mit einer Tugend verwechselte?

Nun, es ist wie es ist und ich erfahre ja im Moment eine recht phlegmatische Ära, weil mir aus gesundheitlichen Gründen schon gar nichts anderes übrig bleibt, als abzuwarten und der Dinge zu harren, die da noch kommen mögen.

Eine Margarete geht schimpfend durch ihr Leben, eine andere Margarete meckernd. Bei beiden ist es aber keine Boshaftigkeit, sondern es ist ihre Art auf sich aufmerksam zu machen. Bleibt aber eine unverzügliche Reaktion seitens des Pflegepersonals aus, so intensivieren sich bei der einen Margarete die Meckerlaute ganz enorm. Gleichwohl ist sie mir der liebste Mensch hier im Hause und sie weckt in mir ein Gefühl, als ob ich sie schon immer kennen würde.

Eigentlich wollte ich an dieser Stelle auch von einer Kunigunde erzählen, denn sie ist kürzlich neunzig Jahre alt geworden, aber meine direkte Nachbarin zu meiner Linken, die Maria schreit schon wieder Halloooo...Halloooo...Sie ist heute mit ihrem Konzert etwas früher dran wie sonst, denn für gewöhnlich ertönt ihr Hallo erst kurz vor dem Kaffeetrinken. Anfänglich habe ich mich gewundert, weshalb man die Dame nicht einfach nach ihren Wünschen fragen kann und sie stattdessen Zeter und Mordio schreien lässt. Heute weiß ich, dass die liebe Maria überhaupt keine Wünsche hat und das „Halloooo"bedeutet eigentlich nur, ich bin auch noch da! Übrigens hat

Maria einen richtigen Vogel, einen australischen Großsittich namens Bubi, ein Erbstück ihres verstorbenen Mannes.

Meine Moni kümmert sich um das Tier und trägt Sorge, dass er von den Bewohnern nicht mit Kuchen oder dergleichen gefüttert wird

Also nun zu Kunigunde, sie hatte kurz vor Weihnachten ihren neunzigsten Geburtstag und ist für ihr Alter noch ganz gut auf den Beinen. Sie ist zwar mit Gehhilfe und gleichzeitig mit Gehstock unterwegs, aber im Gegensatz zu mir, die ich beinahe siebzehn Jahre jünger bin und auch schon seit längerer Zeit gehunfähig, kommt sie wie ein junges Ding daher und so benimmt sie sich auch gelegentlich. Die Kuni ist laufend auf der Suche nach einem Mann. Heirat nicht ausgeschlossen! Am liebsten hätte sie einen jungen und kräftigen Kerl, dem es keine Mühe kostet, ihr am Abend die Gummistrümpfe auszuziehen. Aus diesem Grunde schielt sie auch nach jedem männlichen Besucher, der ihr für diese Aufgabe geeignet scheint. Unter den Bewohnern hier im Hause ist sie noch nicht fündig geworden, denn die sind ihr durch die Bank nicht rüstig genug für ihre Anforderungen. Zur Belohnung böte sie ihr kleines Häuschen, wenn nur einer sie nähme. Wenn sich zur Besuchszeit die Flure mit Menschen füllen, dann geht Kunni auf „Bräutigamschau", dafür krempelt sie ihren Rock hoch und verweist auf ihre kompressionsbestrumpften Beine.

Ganz nebenbei möchte ich erwähnen, dass ich zwischenzeitlich entmündigt bin! Das ging alles ratz – fatz. Die Amtsrichterin hielt meinen ärztlichen Befund in Händen und sie stellte mir nur noch zwei bis drei Fragen. Was sie genau von mir wissen wollte habe ich vergessen, aber es war bestimmt nichts Wichtiges.

Meine Moni ist gerade hier und schmückt mein Christbäumchen mit elektrischen Kerzen, Glaskugeln und Strohsternen. Ins Fenster hat sie einen Lichterbogen gestellt und auf dem Schrank steht eine Vase mit einem Zweig, an dem kleine Holzengelchen hängen. Es gilt hier bei mir keine Tradition zu wahren, denn soweit ich zurückdenken kann, hatte ich mir keinen Christbaum mehr geschmückt, aber jetzt genieße ich die feierliche Stimmung in meinem Zimmer und freue mich auf das Weihnachtsfest.
Was wird mir wohl diese Jahr das Christkind bringen? Vielleicht ein neues Nachtgewand? Hoffentlich keines aus Flanell und keines, das

bis zu den Knöcheln reicht. Genau so eines hätte ich früher gerne gehabt, aber da lag unter dem Weihnachtsbaum ein Traum aus gelber Seide mit Spitzenbesatz, Spaghettiträgern und: selbstverständlich durchsichtig! Damals war zur Weihnachtszeit die Zimmertemperatur in unserem Schlafkämmerchen in etwa so wie in unserem Vorgarten und die Eisblumen blühten üppig an den Innenseiten der Fensterscheiben. Obendrein mussten wir, um in das Schlafgemach zu gelangen, über ein Stiege gehen, welche auch von anderen Hausbewohnern benutzt wurde. Heute, da sich mein Leben hauptsächlich in meinem Bett abspielt, würde ich mich über so ein luftiges Nichts schon freuen, in dem ich nicht so leicht ins Schwitzen gerate. Ich freue mich auch schon wieder auf die Blechdose voller Butterzeug von meiner Enkelin, sie ist nämlich die Zuckerbäckerei betreffend, in meine Fußstapfen getreten. Von ihr habe ich früher auch den Spitznamen „Käsekuchenoma" erhalten, denn dieser besagte Kuchen und mein Frankfurter Kranz waren berühmt und sollten sogar eines Tages über die Grenzen Mittelfrankens hinaus zu großem Ruhm gelangen.

Es war im Jahr 1989, das sind trotz vehementer Einwände unsererseits (Eugens und meiner Wenigkeit) meine Moni und ihre Familie in die Fränkische Schweiz umgezogen. Der neue Wohnsitz, eine komplett renovierungs-bedürftige Burganlage mit Fremdenzimmer und Burggaststätte, sollte für uns beide über Jahre hinweg zu einer Arbeitsbe-schaffungsmaßnahme ausarten und uns ein beschauliches Rentnerdasein ersparen. Mein Eugen durfte Dank seiner vielseitigen Talente als Elektro – Sanitär – und Holzfachmann tätig werden und ich wirkte als Bäckersfrau und Konditorin und versüßte so manchem Feriengast mit meinen Leckereien den Aufenthalt.

Heute, am Heiligen Abend ist meine Moni schon mittags zu mir gekommen und hat meinen Haaren zur Feier des Tages noch ein paar Lockenwickel verpasst. Im Grunde genommen erfuhr mein gesamter Kopf eine Verschönerung, denn man hat mir mit Rouge und Lippenstift etwas Leben in mein müde gewordenes Antlitz gemalt. Der Rollstuhl ist für mich nicht mehr bequem genug, derweil meine Wirbelsäule längst kein Stützwerk mehr für meinen Oberkörper ist und so hat man mich nett zurechtgemacht in meinen Sessel gesetzt und diesen in Relaxstellung gebracht. So kann ich an der Weihnachtsfeier und an dem anschließenden Gottesdienst teilnehmen. Glücklicherweise kann ich Dank der Vorrichtungen an meinem Sessel bequem zu den Ereignissen gerollt werden.

Ich lausche der Fränkischen Weihnachtsgeschichte und dem Posaunenchor und urplötzlich überkommt mich eine andächtige Stille in der ich sprachlos verharre. Meine Gedanken ziehen weite Kreise und sie führen mich in die Zeit, in der ich Weihnachten noch mit meiner kleinen Familie verbracht habe und ich sehe den Glanz in den Augen meiner Enkelkinder beim Auspacken ihrer Geschenke. Ich sehe uns alle friedlich vereint bei Tisch und ich kann die Liebe spüren, die uns alle verbindet. Ich versuche dieses Gefühl der Wärme und Verbundenheit festzuhalten, damit es mich die Feiertage hindurch begleiten möge. Als in der Kapelle die Weihnachtslieder gesungen werden, gebe ich mich gänzlich meinen Erinnerungen hin, trotzdem bin ich heilfroh, wenn man mich nach dem Gottesdienst wieder in mein Bett zurückbringt. Das Weihnachtsfest strengt mich sehr an.

Auf meinem Nachtkästchen steht ein Teller mit Buttergebäck und darauf entdecke ich eine Nougatpraline. Die ist sicherlich für meinen Eugen bestimmt. Er wäre für Nougat meilenweit gegangen und deshalb soll er sie auch bekommen, wenn er mich wieder einmal besuchen wird.

> Bald trifft das Jahr der zwölfte Schlag.
> Dann dröhnt das Erz und spricht:
> „Das Jahr kennt seinen letzten Tag
> und du kennst deinen nicht".
> Erich Kästner

Der Jahreswechsel ist vollzogen und es hängt nun wieder ein Abreißkalender voll mit 356 Bibelsprüchen an der Wand neben meinem Bett. Der Blick zu den schneebedeckten Baumwipfeln vor meinem Fenster wird mir bereits langweilig und ich freue mich schon wieder auf das Vogelgezwitscher und auf die Gerüche, die das Frühjahr mit sich bringt.

Bevor in der Fastenzeit hier im Hause gänzlich die Lichter ausgehen, startet noch der alljährliche Rosenmontagsball. Ein richtiges Hexentreiben wird das in diesem Jahr sein, denn meine Moni hat uns mit Kamm, Schminke und Zahnschwarz alle ein wenig entstellt.

Auf los geht's los! Eine Musikantin versteht es, uns mit ihrem Akkordeon zu verzaubern. Melodien und Schlager aus einer wunderbaren Zeit und welch ein Wunder, wir singen alle mit! Selbst dem Dementesten unter uns fällt zumindest die erste Strophe zu jedem Lied ein.

Die Faschingsklänge verstummen und noch vor Ostern macht meine Nachbarin zu Linken, die liebe Therese, ihre Augen zu und entschlummert diesem Leben. Einige Wochen später, es ist knapp vor Pfingsten tut die Maria, meine Nachbarin zur Rechten das Gleiche und verabschiedet sich von dieser Welt. Der Bubi, dieser australischer Großsittich ist jetzt Vollwaise.

Es ist ein ständiges Kommen und Gehen. So bleiben wir in Bewegung in diesem göttlichen Kreislauf.

Mein Zuhause hat sich in der Zwischenzeit in eine Baustelle verwandelt. Größere Umbaumaßnahmen zwingen uns Bewohner, aber auch das Pflegepersonal zu erheblicher Toleranz. Presslufthämmer sorgen für eine Lärmkulisse, die weit über die Schmerzgrenze hinausgeht und das Ganze muss man anscheinend noch eine lange Zeit aushalten. Danach soll das Haus ein ganz modernes sein. Wer von uns Bewohnern wird wohl noch in den Genuss kommen, in den aufs modernste renovierten Räumen zu logieren?

Also, meine Chancen stehen nicht schlecht, dass ich das noch erleben darf. Hat man mir doch vor sechs Jahren, natürlich nicht direkt mir, aber meinen Angehörigen gesagt, ich hätte auf Grund eines Tumors an der Wirbelsäule nur noch ein Jahr zu leben, so hat sich mein Körper allen Prognosen zum Trotz, mit seinem multimorbiden Zustand recht gut arrangiert und eine gewisse Beständigkeit erlangt.

Um meinen Blick von dem durch die Umbaumaßnahmen verwüsteten Garten abzulenken, stehen nun vor meiner Balkontüre drei kunterbunte Windräder. Von den rotierenden Blättern lassen sich meine Sinne gerne täuschen und ich kann alles mögliche in ihren Bewegungen entdecken.

Wenn ich meiner Fantasie Flügel verleihe, so kann ich galoppierende Reiter, aber auch einen Strauch, an dem Schuhe wachsen sehen. Bläst der Westwind kräftig und die Windräder rotieren und wirbeln wild, sind tanzende Kinder oder gar Menschen mit unmöglich geschmacklosen Kleidern vor meinem Fenster. An manchen Tagen halten die sich auch in der linken Ecke von meiner Zimmerdecke auf.

Meine Moni verlässt mich für zwei Wochen. Sie fährt auf die Schwäbische Alb und wird meine Urenkel mitsamt den Haustieren hüten, weil meine Enkelin, sie ist Lehrerin – mit ihrer Schulklasse an einem Landwirtschaftspraktikum teilnehmen wird. Solange ich hier wohne, hat mich meine Tochter noch keinen Tag hier alleine gelassen, ich sorge mich, dass mir ihr Antlitz in der langen Zeit verloren gehen könnte. Sie möchte um Gottes Willen nicht meinem Gedächtnis entweichen, das wäre um uns beide wirklich jammerschade.

Das hätte ich gar nicht gedacht, aber mein Schwiegersohn kümmert sich recht ordentlich um mich. Er erscheint beinahe täglich, um mir bei der Einnahme des Essens behilflich zu sein. Das freut natürlich die Pflegekräfte und sie lassen den Strohwitwer auch nicht verhungern.

Ich hätte nie gedacht, dass das Sprichwort „aus den Augen – aus dem Sinn" ein Quäntchen Wahrheit beinhaltet. Was habe ich mir doch im Vorfeld Gedanken hinsichtlich der langen Trennung von meiner Mutter durch den Aufenthalt bei meinen Enkelkindern gemacht. Freilich würde ich mit den Buben überaus beschäftigt sein, aber könnte ich überhaupt diese Aufgabe zur vollsten Zufriedenheit aller meistern? Wären da nicht ständig die Gedanken, welche sich unaufhörlich um Mamutschka drehen würden, wie wird es ihr ergehen, wenn ich nicht täglich nach dem Rechten sehe? Kann ich es überhaupt verantworten, sie so lange alleine zurückzulassen? und...und...und...
Es kam, wie es kommen musste...
Man lässt das Alltägliche hinter sich, die neue

Umgebung und die vielseitigen Aufgaben im Umgang mit den Buben ließen mich das Pflegeheim doch glatt vergessen. Habe ich Mamutschka zwar in das Abendgebet mit eingeschlossen, so erschreckte ich mich jedes mal beim Zubettgehen, dass ich tagsüber mit keinem Gedanken bei ihr gewesen bin. Obwohl mir mein schlechtes Gewissen einzureden versucht hatte, ich sei keine gute Tochter, hat mir diese Auszeit doch neue Kräfte und auch neue Lebensfreude beschert.

Meine Moni ist wieder zu Hause und zu unserer gegenseitigen Freude haben wir uns nach so einer langen Zeit gleich wieder erkannt!

Bei mir spielen sich im Moment verstärkt recht merkwürdige Dinge in den Ecken meines Zimmers ab. Ich sehe die Schatten von ganz seltsamen Tieren, denen meine Zimmerdecke als Tanzboden dient. Meine Moni sollte dringend zum Augenarzt gehen, wenn sie den Zinnober dort oben nicht sehen kann. Wahrscheinlich braucht sie eine Brille, denn sie behauptet, es gäbe nicht einmal eine Spinne zu entdecken.

Ich persönlich schaue diesem Treiben dort oben gerne zu, weil sich dann wenigstens irgend etwas in meiner Stube regt.

In der Zwischenzeit verlasse ich mein Pflegebett nur noch am Badetag und das auch nur noch mit einer speziellen Hebevorrichtung, durch die ich waagerecht liegend in die Badewanne abgesenkt werden kann. Mein Körper ist eine Mischung aus Kraftlosigkeit und Steifheit geworden. Ausschließlich meine Hände verfügen noch über eine eingeschränkte Beweglichkeit, sie taugen gerade noch dazu, in der Luft nach Unsichtbarem zu greifen oder den Überzug der Bettdecke zurecht zu zupfen, der restliche Körper liegt flach und entkräftet auf dem Rücken. Die Mühlen der Zeit mahlen langsam aber stetig. Frühling und Sommer sind vergangen, wenn auch schleppend und die Tage und Nächte werden für mich immer länger. Eigentlich könnte man glauben, ich hätte nicht mehr viel zu lachen, gäbe es da nicht mein sonniges Naturell und diese göttliche Kraft in mir, welche ich zu meinen Krankheiten mitgeliefert bekommen habe. Es würde sich auch schrecklich anhören, wollte ich fortan nur noch jammern und klagen, verbessern würde ich dadurch mein Befinden wohl kaum, außerdem könnte zu viel negatives bei den geneigten Lesern zu Depressionen führen, was absolut nicht in meinem Sinne wäre.

Großmütter sind wunderbar und gefragt, solange sie als solche funktionieren und allezeit einsatzbereit sind. Für Omas mit eingeschränkter Gesundheit, also mit Handikap ist die Nachfrage schon deutlich geringer und so werden die Besuche der Enkelkinder bald zu einer Rarität. Selbst ein runder Geburtstag oder ein Feiertag wird da nicht mehr zur Gelegenheit für einen Besuch. Natürlich ist das traurig, aber ich bin da eher die Einfühlsame und beschwere mich nicht über den Besuchsmangel von meinen Enkelkindern, das ist eindeutig die Schreiberin dieses Büchleins, denn mein Verständnis für den Zeitmangel von vielbeschäftigten, auswärts wohnenden, berufstätigen, Kinder erziehenden und anderweitig engagierten Enkeln reicht auch noch hin bis zu der Tatsache, dass bei jungen

Leuten die Uhren ganz einfach anders ticken. Wir leben zwar zur selben Zeit, doch erleben wir diese wegen des Generationsunterschiedes mit ungleichen Lebenskräften und Energien. Es ist eine Wahrheit, dass in einer Stunde sechzig Minuten vergehen, aber es ist ebenso zutreffend, dass sechzig Minuten ganz unterschiedlich wahrgenommen werden können.

Zum Beispiel bin ich von Stress und Hektik meilenweit entfernt, denn meine Aussicht durch das Fenster hinaus zu den Wipfeln einer mächtigen Buche , lässt mich schon eher nach einer Abwechslung Ausschau halten. Befindet sich zwischendurch ein kleiner Vogel in meinem Blickwinkel, so sind das noch lange keine Geschehnisse, welche eine Stunde aufregend oder gar stressig machen könnten. Da ist doch in jungen Familien viel mehr los, wenn Kinder, Haushalt und Beruf unter einen Hut gebracht werden müssen!Die hochgepriesene moderne Technik , die alle so mobil gemacht hat, ermöglicht zwar, Dinge in kürzester Zeit zu erledigen, für die man früher unter Umständen einen ganzen Tag gebraucht hätte, aber leider sorgt diese womöglich auch für Unbehagen. Oft hinkt unser Verstand den Mechanismen hinterher und die mannigfaltigen Eindrücke, die es täglich zu verarbeiten gilt, erfordern heute ein geschärftes Bewusstsein, damit das sogenannte „Unverdaute" in unserem Kopf nicht zum Auslöser von Stress werden kann.

Also, zu beneiden ist die Enkelgeneration in diesen Zeiten, wo der schnöde Mammon Regent geworden ist, ja nicht gerade. Schon deswegen wünsche ich nicht nur meinen, sondern allen Enkelkindern der Welt, dass sie sich keinesfalls von der Hast des Alltags ihrer Individualität berauben lassen, sondern die wichtigen Dinge von den unwichtigen unterscheiden lernen, damit ihnen nach dem Motto der Diakonie einfach noch genügend „ZEIT ZUM LEBEN" bleiben kann.

Die Umbaumaßnahmen erfordern den Umzug in ein neues Zimmer. Mein Domizil befindet sich von nun an zwei Etagen höher und besteht aus einer putzigen Stube mit schönem Ausblick von einem Balkon, den ich leider nur vom Hörensagen kenne. Es ist sehr still in dieser

Etage und außer, dass mir ab und zu das Gezwitscher eines australischen Großsittichs und das Vorsichhinsottern eines unzufriedenen Menschen zu Ohren kommt, geht hier nicht gerade die Post ab. Meine vorherige Wohnung lag an einer belebten Straße auf der Station eins. Genau gegenüber befand sich das Schwesternzimmer und vor meiner Türe luden ein kleines Tischchen und ein paar Cocktailsessel zum Verweilen ein, was mir beides akustische Abwechslung bot. Diese ja beinahe beängstigende Stille und die Abgeschirmtheit hier oben ist für mich nicht so bekömmlich, das bekundet jedenfalls meine Moni. Sie stellte fest, dass ich angeblich mangels Abwechslung richtig apathisch geworden wäre.

Jetzt kommt schon wieder diese beschauliche Zeit daher und es werden abermals Adventssträußchen in den einzelnen Zimmern verteilt. Die Moni kramt aufs Neue auf dem Speicher nach dem Weihnachtsschmuck. Das ganze Haus, so habe ich mir berichten lassen, erstrahlt in einem festlichen Glanz und bietet den Bewohnern, wie den Besuchern einen besonderen Augenschmaus. Alle Flure und Gemeinschaftsräume sind ausgestaltet, was übrigens immer der Jahreszeit entsprechend und stilvoll geschieht.

Hatte man mich im vergangenem Jahr noch mit meinem Sessel zur Weihnachtsandacht gefahren, so kann das heuer nur noch in meinem Pflegebett passieren. Irgendwie wohne ich der Zeremonie teilnahmslos bei. Die anschließende Weihnachtsgeschichte, unterbrochen von einem Bläserchor, der für meine Ohren, die nur noch ein totales Ungestörtsein aus meiner Etage kennen, etwas zu laut gespielt hat, weckte auch nicht mehr mein Interesse, was ich dann auch lauthals kundtat.

Alles andere wie gehabt: pürierte Gänsebrust, Plätzchenteller von meiner Enkelin, Weihnachtsbaum und Lichterbogen.

Die Dinge und Abläufe wiederholen sich, als es nach dem Jahreswechsel in die Faschingszeit geht. Meine Moni und die Susi, das ist die Ergotherapeutin im Hause, sind wieder als Hexen unterwegs und halten Ausschau nach Krawatten, die es an Weiberfastnacht abzuschneiden gilt.

Eine Grippewelle hindert liebe Gäste am Besuch zu meinem 75sten Geburtstag. Nur meine Moni ist hier und beschwert sich schon wieder über die schreibfaule Menschheit. Tja, hätte ich hier in meinem kleinen Reich nur Zugang zum World wide Web, oder wäre im Besitz von einem Handy zum SMS empfangen, so dürfte ich zumindest die Glückwünsche von einer Enkelin entgegennehmen. Da sich in meiner Suite aber keinerlei technischer Unfug befindet, könnte ich nur auf eine konventionelle Glückwunschkarte von meiner anderen Enkelin hoffen. Aber seitdem es mit der Post so bergab gegangen ist und nur noch wenige Briefkästen im ganzen Land zu finden sind, werde ich wohl auch auf derartige Botschaft verzichten müssen.

Meine Moni scheint mir doch noch recht kindisch zu sein. Bringt sie mir nicht zu meinem Geburtstag einen Teddybären an! So ein weiches und flauschiges Knuddeltier mit einer Schleife um den Hals, das sich von mir sogar küssen und streicheln lässt.

Tja, Nachsicht mit ihren Mitmenschen hat meine Mutter schon immer geübt. Sie hatte Verständnis für alle menschlichen Schwächen und Mängel, deswegen kann sie auch ihren Enkeln wegen verminderter Besuchsbereitschaft nicht gram sein. Mit sich selber war sie allerdings sehr streng und Selbstdisziplin, sowie absolute Zuverlässigkeit waren für sie oberste Prämisse. Wenn ich manchmal am Grübeln bin, kommt mir oft der Gedanke, ob es für sie nicht besser gewesen wäre, sie hätte auch einmal alle Fünfe gerade sein lassen und nicht nur den Tag mit Verpflichtungen und Verrichtungen ausgefüllt. Ganz so unschuldig finde ich mich dabei auch nicht, denn ihre Bereitwilligkeit zu helfen wo es nötig war, habe ich im Nachhinein betrachtet, ziemlich schamlos ausgenutzt. Meine Eltern haben beide unendlich viel Zeit für meine Belange aufgewendet und ich bin mir nicht sicher, ob ich ihnen dafür auch genügend gedankt habe.

Wenn ich Mamutschka so regungslos in ihrem Pflegebett liegen sehe, fällt mir ein, dass ich sie nie in einem Liegestuhl im Garten ausmachen konnte.Sie ist immer in Bewegung *gewesen und wenn es nur beim Unkraut jäten war, sie schaffte an einer sichtbaren Ordnung um das häusliche Areal und das beinahe schon zwanghaft.*

Man kann Gott nicht allein mit Arbeit dienen, sondern auch mit Feiern und Ruhen.
oder
Der Sabbat ist um des Menschen willen gemacht und nicht der Mensch um des Sabbats willen.

Diese Weisheiten entstammen leider nicht meiner Feder, aber ich habe sie im passenden Augenblick für mich entdeckt und zwar genau über dem Bett meiner Mutter. Der obere Kalenderspruch ist übrigens von Martin Luther und Letzteres ist nachzulesen bei Markus 2.27

Einen Mangel an Ruhepausen kann ich persönlich im Moment nicht beklagen, denn nur allzu oft liege ich nach der Essenseingabe auf dem Sofa im Zimmer bei Muttern uns sinne, grüble oder träume bis es an der Türe klopft und der Kaffee gebracht wird.

Die Handwerker arbeiten was das Zeug hält und es wird gehämmert und gebohrt und es

riecht auch schon nach frischer Farbe. Es ist der Geruch des letzten Anstrichs. Man munkelt, dass der Umbau bereits in diesem Monat fertig gestellt sein wird. Es heißt zwar, pünktlich wie die Mauerer, aber damit sind meines Wissens nur die streng einzuhaltenden Zeiten der Vesperpausen gemeint und nicht Neu – oder Umbauten irgendwelcher Art termingerecht unter Dach und Fach zu bringen. Es ist jedenfalls ein erfreulicher Umstand, denn somit gehen viele meiner Mitbewohner, welche sich seit Baubeginn platzmäßig recht einschränken mussten, doch wieder normalen Zeiten entgegen. Hoffentlich hat man das Budget für die Heimverschönerung noch nicht ganz aufgebraucht, denn das hieße auf gut deutsch, dass die Gartenanlage keine Verschönerung erfahren könnte. Es kommt mir schon irgendwie spanisch vor, dass in der Endphase des letzten Bauabschnitts noch keine Planierraupen zu hören sind. Gerade der Garten war es doch, der für alle Bewohner, ganz besonders für die Rollstuhlfahrer zugänglich gemacht werden sollte. Das war doch unser Anspruch und unser eigentliches Anliegen.
Dieser wunderschöne Naturpark mit seinem

großen Biotop, in dem hunderte von Seerosenblüten ein malerisches Bild abgeben, ist leider bislang nur von wenigen Hausbewohnern zu bewundern gewesen, denn das Gelände ist wegen der Hanglage und den dadurch steil angelegten Wege für viele von uns nicht ohne Hilfe begehbar. Es wurde schon ab und an eine Sonnwendfeier oder ein Sommerfest in dem unteren und schönsten Teil des Gartens abgehalten, daher kenne ich auch diese romantische Ecke, aber für den Rollstuhl – Transit dorthin waren eine Vielzahl von Muskelmännern erforderlich.

Ich lasse mir gerade frische Erdbeeren schmecken, püriert versteht sich und von Monis Hand gefüttert. Sie erzählt mir dabei von dem Zimmer, das ich demnächst beziehen werde. Sie hat es für mich schon in Augenschein genommen und sie freut sich mit mir, dass es wieder an der Hauptstraße zum Stationszimmer liegt und ich dadurch künftig wieder mehr in das Geschehen des Tagesablaufes mit eingebunden sein werde.

Das jugendliche Gesicht, verglichen mit einem unbeschriebenen Blatt Papier wird im Laufe des Lebens zur Silhouette seiner Erlebnisse , seiner Erfolge und auch seiner Niederlagen. Wohl dem, in dessen Gesicht sich, wenn es in die Jahre gekommen ist, mehr Komödie als Tragödie wider spiegeln darf.

Wenn eine persönliche Begabung einer zunehmenden Hinfälligkeit weichen muss und zum stummen Ausharren und Warten zwingt, kann man im greise gewordenen Menschen etwas finden, das den Alterungsprozess schadlos und jungfräulich überstanden hat: Es ist seine Seele. Diese kann dem aufmerksamen Betrachter eine ganze Lebensgeschichte erzählen.Die Redensart "man lernt niemals aus" gilt bis zu unserm letzten Atemzug. Wenn der Verstand, gerade bei dementen Menschen, durch das Krankheitsbild für den sogenannten Gesunden nicht mehr erkennbar ist, so kann doch auf weitaus höherer Ebene das Bewusstsein genau durch diese Umstände der Erkrankung zu anderen Dimensionen gelangen. Geisterfüllt kann der Kranke zum Weisen werden.

Mein neues Zimmer ist bezogen und alles ist wieder hübsch und wohnlich eingerichtet. Man macht sich Sorgen, weil ich doch rapide abbaue und zunehmend schwächer werde. Die Medikamente, welche mir doch die größten Schmerzen nehmen, bewirken, dass ich den ganzen Tag vor mich hin döse. Aber, wenn ich das sagen darf, trotz dieser Unbillen freue ich mich auf jede Mahlzeit. Es schmeckt mir auch noch der Kaffee und zum Abendbrot ein kleines Gläschen Bier.

Moni sitzt des öfteren an meinem Sekretär, wenn draußen alles grau in grau ist und beschäftigt sich mit Schreibkram. Manchmal liest sie mir auch vor, am liebsten höre ich die frechen Gedichte über sämtliche Menschen von Eugen Roth. Heute hat sie mir einen Brief geschrieben, den ich natürlich nicht gelesen habe.

Meine liebe Mamutschka,
„bist du froh, dass deine Mama noch lebt"? Das hat mich heute die kleine Chiara, deine Urenkelin gefragt."Na klar bin ich froh" habe ich ihr geantwortet und sie lauschte meinen Worten:"Jeder Tag, an dem wir am Morgen

wieder aus dem nächtlichen Schlafe entlassen werden, ist ein Geschenk Gottes für uns Menschen". Chiara nickte zustimmend und meinte: „Die Oma ist immer so freundlich und außerdem kannst du sie ja auch jederzeit besuchen, wenn sie noch lebt"!

Wie recht sie hat, die kleine Chiara. Du begegnest wirklichen allen Menschen, die dich umsorgen, nur liebevoll und in Dankbarkeit und darüber hinaus ist es wunderbar, eine Mutter wie dich zu haben.

Meine Besuche bei dir Mamutschka, vermitteln mir die reinste Freude. Nie höre ich ein böses Wort von dir und in deinem Zimmer vergiftet keine schlechte Laune, keine Hast und kein Schimpfen je die Luft. Es ist mir bewusst, dass eigentlich jede Stunde die ich mit dir verbringen darf, eine Gnade für mich ist.

Jedermann kann in deinem Gesicht lesen, dass dir das Leben noch Freude bereitet und es ist nicht vereinbar mit den leichtfertigen Äußerungen, die ich dich betreffend schon des öfteren von Nachbarn, aber auch von Freunden gehört habe: „Womit hat deine Mutter dieses Schicksal verdient? Wäre es nicht besser für sie, wenn sie einschlafen könnte?"

Glaube mir Mama, solche Anmerkungen werden

von mir grundsätzlich überhört, denn sie sind von Leuten ausgesprochen, die das Leben noch nicht begriffen haben, sie haben seinen Sinn noch nicht erkannt!

Du musstest alle deine Begabungen, Neigungen und auch Begierden wegen des Krankheitsverlaufes ad acta legen und nichtsdestotrotz gibt es etwas, das diesen Alterungsprozess schadlos und jungfräulich überstanden hat. Das, was den eigentlichen Menschen ausmacht, ist nicht seine äußere Gestalt, sondern etwas, das ganz in ihm innewohnt und mit den Jahren an Schönheit nur gewinnen kann. Es ist seine Seele.

In deinem Gesicht, liebe Mama, widerspiegelt sich diese geistige Herrlichkeit mit zufriedener Miene – und das macht mir Mut.

Bis Morgen Mamutschka
in Liebe
deine Moni

Es ist schon erschreckend, wie oft sich unüberlegt über schwer erkrankte Menschen geäußert wird . Angeblich zu ihrem Besten wünscht man ihnen, so schnell wie möglich unter die Erde zu kommen. Es mag vielleicht banal klingen, aber solange sich meine Mutter eines gesegneten Appetits erfreuen darf, denkt selbst sie, die wirklich von ihren Leiden schwer gebeutelt wird, nicht einen Augenblick ans Sterben. Dieser Zustand, dass sich ihr Leben komplett im Bett abspielen muss, dauert nun schon Jahre an. Ich hätte ihr natürlich auch lieber gegönnt, dass sie mit ihrer Freundin ein flottes Rentnerdasein genießen, Reisen unternehmen, ihr schönes Häuschen bewohnen und ihre Enkel- und Urenkelkinder bewusst erleben könnte, aber für sie ist etwas anderes bestimmt.Sie, ihre Freunde, meine Familie und ich versuchen jeden Tag aufs Neue mit diesen Gegebenheiten klar zu kommen und sie anzunehmen. Den Mut dazu schenkt uns sie!

Ein jegliches hat seine Zeit und alles Vorhaben unter dem Himmel hat seine Zeit: Geboren werden hat seine Zeit und sterben hat seine Zeit...
Für mich ist auch die Zeit gekommen, alles irdische abzulegen und mich auf den Weg zu machen, der mich zu meinem Eugen bringt.

Das Sterben hat schon vor einer Woche begonnen. Ich bin Tag und Nacht bei ihr und teile mit ihr die Zeit des Abschieds.

Mamutschka, ich sitze hier an deinem Bett und kann sie nicht erblicken, die Engel des Todes. Ich weiß aber, dass sie sich bereits eingefunden haben, um dir zur Seite zu stehen, als Begleiter auf deinem Wege in die geistige Welt. Sie werden dich sicher beim Überschreiten der Schwelle unter ihre Fittiche nehmen und mit dir dem Lichte entgegen schweben.Sie werden dich tragen und dir den Weg weisen, damit sich deine Seele nicht irreleiten lassen und verlorengehen kann, deswegen sind sie gekommen.

Ich hätte so gerne ein geschultes und geistiges Auge um zu schauen, sie, die dich auf diese Reise begleiten dürfen, sie, die dich mir entziehen, noch während ich deine Hand halten werde.

Du bist nicht mehr die Alte, sondern gleichst schon einer Verstorbenen, die bereits alles irdische in Gottes Hand zurückgelegt hat und nur darauf wartet, durch die Pforte allen geistigen Ursprungs gehen zu dürfen, um

Gottes Herrlichkeit zu schauen. Ich bemerke, dass deine Gedanken schon um Auflösung und Abschiednehmen kreisen, damit du endlich nach den vielen Prüfungen im Leide, in Seligkeit von deinem Heiland getragen sein darfst.

Ich bete für dich liebe Mamutschka, dass die letzte Hürde, die es in diesem Weltendasein noch zu nehmen gilt, für dich wie ein leichtfüßiger Tanzschritt unter der Führung eines meisterlichen Tänzers sein darf.

Ich bete für dich, weil ein Gebet das einzige ist, was ich dir neben meiner Liebe mit auf diese Reise geben kann.

Es passierte gerade zu dem Zeitpunkt, als Moni meine Hand losgelassen hat, um sich aus dem Schwesternzimmer Kaffee zu holen. Ich habe den Augenblick genutzt!

Die Seele ist ein Fortwirkende
von Ewigkeit zu Ewigkeit

Den Schlusspunkt des feierlichen Aktes setzte Monika Pedack, Mitglied des Heimbeirates mit einer Lesung aus ihrem Büchlein „Mutternsprache".

Fränkischer Tag

...Frau Pedack und ihre Mutter machen mir erheblich mehr Mut für mein eigenes Leben als der deutsche Sozialverband. Ich hoffe Ihnen geht es auch so.

Red. Haus Martin Luther